EL PRINCIPIO DE LOS

# lémures BEBÉS

KATE RIGGS

CREATIVE EDUCATION • CREATIVE PAPERBACKS

# TABLA DE

# CONTENIDO

# SOY UN CACHORRO DE LÉMUR.

Soy un lémur bebé.

¡Mira mi nariz húmeda y mi cola larga y peluda!

**Cuando nací,**
pesé 3.5 onzas
(100 g). Es lo mismo
que una taza
de agua.

Me aferro
a mi madre
para
desplazarme.

**Vivo en una tropa.**
Nos desplazamos juntos para encontrar alimento.

Somos silenciosos. Sostenemos nuestras colas hacia arriba.

**Mi madre** lidera nuestro grupo. Me quedaré cerca de mi madre por dos años.

¡Ahora soy un lémur joven!

# HABLA Y ESCUCHA

# I-KI!

¿Puedes hablar como un cachorro de lémur? Los lémures chillan, chasquean la lengua, y gruñen.

Escucha esos sonidos:

https://www.youtube.com/watch?v=YPn_RuSEgnM

¡Ahora es tu turno!

# PALABRAS BEBÉS

**peluda:** la palabra usada para describir el pelo que cubre a algunos animales

**tropa:** el conjunto de lémures que viven y se alimentan juntos

# ÍNDICE



**PUBLICADO POR CREATIVE EDUCATION Y CREATIVE PAPERBACKS**
P.O. Box 227, Mankato, Minnesota 56002
Creative Education y Creative Paperbacks
son marcas editoriales de The Creative Company
www.thecreativecompany.us



**DISEÑO Y PRODUCCIÓN**
de Chelsey Luther & Joe Kahnke
Dirección de arte de Rita Marshall
Impreso en China
Traducción de TRAVOD, www.travod.com

**FOTOGRAFÍAS** de Alamy (PA Images), Dreamstime (Isselee), Getty Images (Anup Shah/Stone), iStockphoto (GlobalP), Minden Pictures (Suzi Eszterhas, Suzi Eszterhas/NPL), National Geographic Creative (VINCENT J. MUSI), Shutterstock (Bohbeh, DenisaPro, Hajakely, Eric Isselee)

**INFORMACIÓN DEL CATÁLOGO DE PUBLICACIONES**
de la Biblioteca del Congreso is available
under PCN 2019957355.
ISBN 978-1-64026-453-3 (library binding)
ISBN 978-1-62832-988-9 (pbk)

HC 9 8 7 6 5 4 3 2 1
PBK 9 8 7 6 5 4 3 2 1